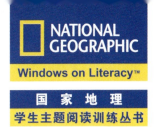

国家地理
学生主题阅读训练丛书

行星巡礼

A Guide to the Planets

[美] Meredith Costain　Ellen Marcus
　　　Anita Garmon　Sue Whiting　著

张　琳　译

北京大学出版社
PEKING UNIVERSITY PRESS

著作权合同登记　图字：01-2006-2061

图书在版编目（CIP）数据

行星巡礼/（美）怀廷（Whiting, S.）等著；张琳 译.—北京：北京大学出版社，2006.4
（国家地理学生主题阅读训练丛书·中文翻译版）

ISBN 7-301-08569-9

Ⅰ.行… Ⅱ.①怀…②张… Ⅲ.阅读教学—中小学—教学参考资料 Ⅳ.G634.413

中国版本图书馆CIP数据核字（2005）第153506号

图片来源（Picture Credits）：

Cover: Photodisc.

Section 1 Caves 1, 3(r), 4(r), 4(l), Getty Images; 3(l), 5, 9, 13, 21, 22, 80(t), 82, Dave Bunnell; 7, 15(b), 16(r), 16(br), 17(t), Australian Picture Library; 15(t), 16(bl) Image Bank; 19, Wild Things Photography ©John Hyde; 20, Eye Ubiquitous © Stuart Wilson. Illustration by Dimitrios Prokopis. **Section 2 Birthstones** 23, 25, 26(l), 31, 35(r), 36, Getty Images; 41(t), Karlene & Lowell Schwartz; 26(tr), 29(tr), 32(b), 33(l), 34(b), 38(tbr), 40(t), Photolibrary.com; 26(r), 27(t), 27(b), 32(t), 34(t), 35(b), 37(t), 38(b), 40(b), 42, 80(b), Australian Picture Library; 24(br), 28, 29(tl, br), Bridgeman Art Library; 33(b), PhotoDisc; 37(b), Malcolm Cross; 39(t), Color-Pic, Inc; 39(b), 41(b), Jonathan Aitken, photographer, courtesy of American Museum of Natural History, New York. **Section 3 The Sun** 43, 44-45, 54, 81(t), 83, 85, Getty Images; 48, 49(inset), 56(b), 84, photolibrary.com; 49, Digital Vision; 52, 56(t), NGS Image Collection. Illustrations by Dimitrios Prokopis. **Section 4 A Guide to the Planets** 57, 70, 60(tl), Getty Images; 59, 66, 67, 71, 72, 73, 77, Photodisc; 60(bl), Oceanimages.com; 60(br), Index Stock; 60(tr), Corbis; 61, illustration by Dimitrios Prokopis; 62-63, National Geographic; 64, 65, 69, 74, 75, 76, 78, 79, Science Photo Library; 68, Nasa Images; 81(b), Science Photo Library.

《国家地理学生主题阅读训练丛书》（中文翻译版）由美国北极星传媒有限公司授权，并与君红阅读（北京）出版咨询有限公司共同策划。

书　　　名：	行星巡礼
著作责任者：	[美] Sue Whiting　Meredith Costain　Ellen Marcus　Anita Garmon 著　张琳 译
责 任 编 辑：	张娜　孔燕君
标 准 书 号：	ISBN 7-301-08569-9/G·1422
出 版 发 行：	北京大学出版社
地　　　址：	北京市海淀区成府路205号　　100871
网　　　址：	http://cbs.pku.edu.cn
电　　　话：	邮购部 62752015　　发行部 62750672　　编辑部 62765014
电 子 信 箱：	zbing@pup.pku.edu.cn
设 计 制 作：	北极星-君红阅读·朱文兵
印　刷　者：	北京宏伟双华印刷有限公司
经　销　者：	新华书店
	787毫米×1092毫米　16开本　5.5印张
	2006年4月第1版　2006年4月第1次印刷
定　　　价：	16.80元

未经许可，不得以任何方式复制或抄袭本书之部分或全部内容

版权所有，翻版必究

目录

岩洞

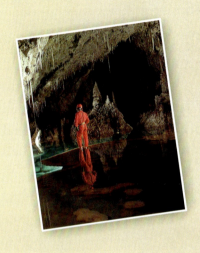

阅读目标 …………… 6
- 岩洞内 …………… 8
- 洞穴里的生物 …………… 14
- 洞窟的种类 …………… 18
- 洞窟探险 …………… 22

诞生石

阅读目标 …………… 24
- 贵重的矿石 …………… 25
- 矿石和矿物 …………… 26
- 宝石 …………… 27
- 诞生石 …………… 28

太阳的奥秘

阅读目标 ········· 44
- 太阳 ············· 45
- 关于太阳的古老传说 ···· 46
- 太阳是什么 ········· 48
- 我们的太阳系 ······· 50
- 太阳为什么如此重要 ··· 52
- 昼夜从何而来 ······· 53
- 四季从何而来 ······· 54
- 关于太阳的研究 ····· 56

行星巡礼

阅读目标 ········· 58
- 行星指南 ·········· 59
- 太阳系 ············ 62
- 内行星 ············ 64
- 外行星 ············ 70

活动空间
- 读图思考 ·········· 80
- 阅读训练 ·········· 82
- 学做科学笔记 ······· 86
- 家长评估表 ········· 87

索引 ············· 88

岩洞

溶洞是一种天然的地下岩洞。每年都有许多新的溶洞被发现。水是溶洞形成的重要因素。随着水在岩石的空隙间滴淌，会产生一种能够溶解岩石的弱酸。时间长了，这种弱酸就会将岩洞内部塑造成各种千奇百怪的形状。

岩洞

—— Meredith Costain

阅读目标

- 比较岩洞的不同类型及其特征
- 讨论岩洞的形成过程
- 运用新学的词汇描述岩洞探险

- 了解岩洞的类型和岩洞的构成
- 了解岩洞形成的原因
- 确定不同的岩洞地形以及存在于各个岩洞中的生物

想象一下，你在黑暗中手脚并用地爬行着，地面非常硬，你的身上沾满了泥，只觉得又冷又湿。这听起来好像有点惨兮兮的，但其实很有意思。因为你是在溶洞中探险，你所遇到的一切将会是既危险又刺激的。

▼ 一个人在洞窟的狭窄通道里爬行。

岩洞内

岩洞就是一个地下空穴，有的岩洞也叫溶洞。岩洞分布在世界各地，人们在山腰边，在大冰川中，甚至在江河湖泊底下，都发现过岩洞。

有些岩洞是由许多洞室或巨大而空旷的空间构成的。狭窄的通道把这些洞室连接起来，形成一个洞窟群，即洞窟系统。

洞窟系统
由通道相连的洞窟群。

▶ 这个岩洞位于美国田纳西州，全长超过53千米。

溶洞是如何形成的

溶洞常见于石灰岩地区，石灰岩是一种质地松软的岩石。雨水从岩石细小的缝隙中渗入，千万年后，石灰岩层经过雨水的侵蚀，形成了洞穴。

石灰岩

松软的白垩质岩石。

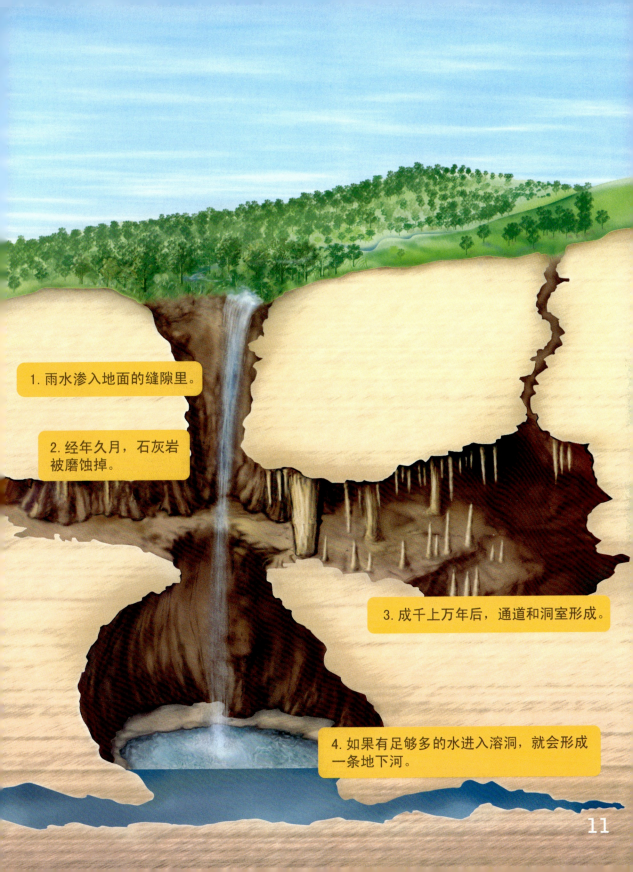

岩石的形态

在很多溶洞里可以见到许多尖指状的岩石从洞顶上垂挂下来。这种垂挂着的岩石柱叫做**钟乳石**。石灰石和水混在一起从洞顶的缝隙里滴淌着，逐渐形成了这些岩石垂柱。钟乳石的形成要经历成千上万年。

石笋是溶洞地面上的岩石形态。石笋是水从钟乳石滴流到溶洞地面上形成的。如果一个钟乳石和一个石笋在生成过程中连在一起，就形成了一个石柱。

钟乳石
溶洞顶部自上而下生长的岩石形态。

◀ 溶洞中大大小小千姿百态的岩石。

洞穴里的生物

洞穴可以成为许多动物的住所。植物也可以在洞穴里生长。你所在的洞穴的位置决定你能找到的动植物的种类。生长在洞口中的动植物与生长在洞窟深处的有很大不同。

科学家把洞穴分为3个区域,或者说3个部分:洞窟的入口处称为亮光区;越往洞穴深处走就越黑暗,这个地段称为微光区;洞穴最深处称为黑暗区,这里没有任何光线。

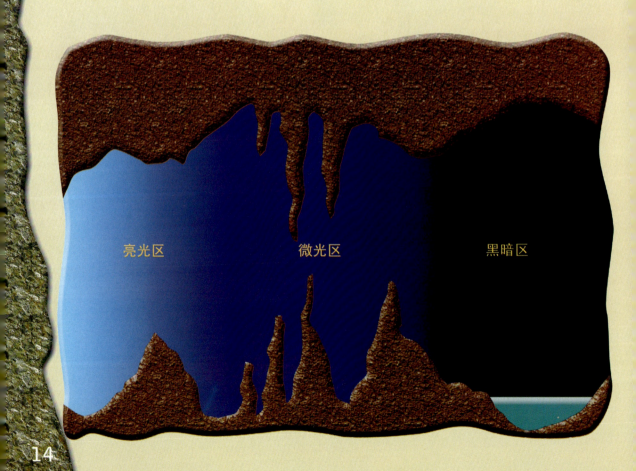

亮光区

像蕨类这种多叶的植物，在洞穴入口的亮光区很容易生长。有些动物，比如熊和浣熊会把洞穴当作藏身之处，而大部分在亮光区生活的动物更像是洞穴里的过客，它们多半时间是在洞外度过的。

▲ 冬天，熊住在洞里以保持身体的干燥和温暖。

▲ 蕨类植物生长在洞口附近。

▲ 浣熊经常在洞口睡觉。

微光区

当你再往洞穴深处走时,光线会变得越来越暗,温度也逐渐下降。不需要很多光照的植物,比如苔藓,就生长在微光区。白天,蝙蝠会在微光区的暗处睡觉。其他动物比如蝾螈,就生活在潮湿的岩壁上。

◀ 蝙蝠白天睡觉,晚上出去觅食。

▲ 苔藓是生长在阴暗处的微小绿色植物。

▲ 蝾螈在潮湿的岩壁上找昆虫吃。

黑暗区

洞窟的深处就是黑暗区。大多数生活在这里的动物都是没有视觉的,因为没有光线可以照到它们。像洞螈这样的动物根本没有眼睛,但作为弥补,它有非常敏锐的听觉。等足类动物和其他小型水生动物,则利用触角来辅助自己四处游动。

▲ 等足动物是一种生活在黑暗中的小型水生动物。

▲ 洞螈是生活在洞穴深处的蝾螈类动物。

洞窟的种类

大多数洞窟的成因都是雨水对石灰岩的侵蚀作用。当然，还有其他形成原因。你可以在冰川中、水面下，甚至在熔岩里发现各种类型的洞穴。

冰川洞

冰川是由许多缓慢移动着的巨大冰块构成的。冰川中也有洞窟，这种洞窟称作冰川洞。当冰川融化时，一股水流在冰川下流淌。在水流和暖空气的作用下，冰的内部被融化出一个洞穴。

熔岩
热的液态岩石，它是由火山爆发产生的。

冰川
在陆地上缓慢移动的大量的冰块。

► 在阿拉斯加，一位探险者正走出冰川洞。

水下溶洞

有时,石灰岩溶洞被水淹没,形成一个个水下溶洞。水下洞穴有几种类型:一些水下洞穴是暗藏深潭的巨大洞室,阳光从岩孔照入洞中;另一些水下洞穴完全没入海洋中,探索它们的唯一途径是游泳潜入水下洞穴。

▲ 近年,在墨西哥发现了世界上最长的水下溶洞。

熔洞

火山也会生成一些洞穴。火山爆发时,火热的岩浆沿着山脉流动,接触到空气的部分冷却下来,变成坚硬的岩石。内部的熔岩继续向前流动,这些流动着的熔岩留下了一段长长的岩石隧道,即熔洞。熔洞有着光滑的岩壁,长度可达64千米。

隧道 在山中或地下凿成的通道。

▼ 世界上最长的熔洞在夏威夷。

洞窟探险

在美国，洞窟探险已成为一种流行的休闲活动。洞窟探险非常有趣，但也十分危险。探险者们需要穿戴特殊的服装，装配安全设备，并携带充足的光源。

洞窟探险都是组队进行的。他们要绘制一张洞窟地图，组里的每个成员都需要一个伙伴，可以救护受伤的成员，也能防止有人迷失在洞窟里。

洞窟探险者要留意洞穴和生活在里面的动物，不要伤害它们。探险者们有这么一句口号："只带走照片，只留下脚印，只消磨时间。"

▼ 洞窟探险者在洞窟的通道上攀爬。

诞生石

宝石是由矿物或其他物质经过切割、抛光、设计后用于装饰的一种物质。宝石的价值与其光泽、颜色、硬度、稀有性、重量以及切割方式有关。下面,我们将探究诞生石的历史和品质。

诞生石

—— Ellen Marcus

阅读目标

能力训练
- 比较不同种类的诞生石
- 挑选一款特别的珠宝,并解释一下所使用的宝石
- 讨论关于诞生石的由来及相关的神话故事

知识积累
- 了解不同宝石的用途和价值
- 认识矿藏开采以及宝石加工的过程

贵重的矿石

矿石有各种各样的形状、大小和颜色。有些矿石可以被切割成特殊形状，然后抛光成璀璨夺目、价值连城的宝石。

世界各地的人们都把宝石视为珍品。一些宝石还与一年中的不同月份相关联，人们把这些宝石称作诞生石。

▼ 这些璀璨夺目的宝石被制作成珠宝。

矿石和矿物

所有矿石都来自矿物，这是一种自然界中存在的非动植物的物质。矿石的手感和外观取决于它的前体矿物。也就是说，有些矿石质地细腻的原因是因为它们的矿物前体的硬度比较低。云母就是一种硬度较低的矿物，云母石常被用来生产滑石粉。

有些矿石仅由一种矿物构成，比如钻石；有些矿石则由不同种类的矿物组成，比如花岗岩。

矿石的不同颜色来自于矿物的颜色。花岗岩有多种颜色；粉红色的花岗岩是因为其中含有粉红色长石的缘故。

▼ 云母石

▲ 拉什莫尔山上的白色花岗岩总统雕像群。

◀ 粉红花岗岩

宝石

经过切割和抛光能变得晶莹发光的矿石就是宝石。大多数宝石矿料开采出来时,表面粗糙、形状不规则,但珠宝匠懂得如何切割和抛光各种不同的石料,经他们加工后,宝石变得璀璨夺目。

宝石常常被用来制作珠宝。它们被切割成各种各样的形状和大小,珠宝匠将物尽其用,制作成各式首饰珠宝。一颗单独的宝石可被用来制作戒指,很多不同的宝石可用于制作手镯或项链。

◀ 未经雕琢的钻石

▲ 经过雕琢的钻石

▼ 珠宝制造者正在将钻石镶嵌到一枚别针上。

诞生石

没有人能准确地说出诞生石的由来。几千年前，人们认为宝石拥有神奇的力量。一些人相信佩戴宝石能够驱灾避邪，另一些人则认为宝石能帮助他们治愈疾病。

有些人会在一年中的不同月份佩戴不同的宝石。由于许多人买不起太多不同的宝石，他们只选戴与自己生日月份相匹配的宝石。

◀ 这枚珠宝由欧泊制成。欧泊是10月的诞生石。

直到现在，人们仍佩戴由诞生石制作的首饰，例如戒指、项链、耳环或别针。诞生石也被用于装饰精致的盒子，作为特别的生日礼物送给别人。

▲ 诞生石用于装饰珠宝和精致的盒子。

诞生月与诞生石

诞生月	诞生石	
1月	石榴石	
2月	紫水晶	
3月	海蓝宝石	
4月	钻石	
5月	祖母绿	
6月	珍珠	
7月	红宝石	
8月	橄榄石	
9月	蓝宝石	
10月	欧泊	
11月	托帕石	
12月	绿松石	

1月 石榴石

石榴石象征忠诚

多数石榴石为鲜红色，它质地坚硬，闪耀夺目，多用于装饰珠宝和其他装饰品。石榴石多见于小溪中，在世界各地均有分布。

诞生石的传说

过去，人们用石榴石制造子弹，他们认为石榴石子弹比铅制子弹的威力更大。

◀ 石榴石的颜色来自于岩石中各种不同的矿物。

2月

紫水晶

紫水晶象征诚实

紫水晶是一种石英，它是地球上最常见的矿物之一。紫水晶通常是紫色的，当温度过高时则会变色。北美、南美和亚洲蕴藏着丰富的紫水晶。

石英
一种质地坚硬的矿物，成分是二氧化硅。

诞生石的传说

过去，人们常常认为，佩戴紫水晶可以驱除恶梦。

◀ 品质上乘的紫水晶多采自火山喷发时散落下来的岩石。

32

3月

海蓝宝石

海蓝宝石象征勇气

海蓝宝石拥有大海一样的蓝绿色，它质地十分坚硬。世界上许多地方都出产这种宝石，例如中国、印度、巴西和美国。

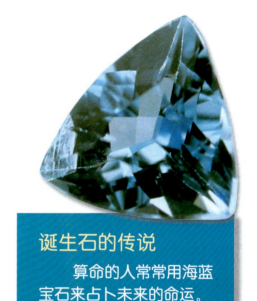

诞生石的传说

算命的人常常用海蓝宝石来占卜未来的命运。

▼ "海蓝宝石"一词在拉丁语中是"水"与"海"的组合。

4月

钻石

钻石象征爱情

钻石是一种清澈透明的宝石。钻石独特的物理构造使它在光照下格外璀璨夺目。在所有宝石中，钻石的质地最为坚硬，它也是地球上质地最坚硬的天然物质。钻石多开采自地层深处。

诞生石的传说

过去，人们认为钻石是由闪电创造出来的。

▼ 大多数钻石产自南非。

5月

祖母绿

祖母绿象征幸福

祖母绿是一种墨绿色的宝石,它产自南美洲的哥伦比亚。纯粹的祖母绿非常稀少;最贵重的祖母绿不全是墨绿色的,而是带有一点点蓝色。

诞生石的传说

过去,人们认为祖母绿具有使盲人重见光明的神奇力量。

▼ 祖母绿就像哥伦比亚的森林一样翠绿。

6月

珍珠

珍珠象征纯洁

最常见的珍珠呈乳白色,除此之外,珍珠还有粉红色、金黄色、纯白色或黑灰色。珍珠可以是圆的、泪珠状的或纽扣状的。珍珠是唯一不属于宝石的诞生石,它形成于牡蛎之类的贝壳体内。

诞生石的传说

过去,人们认为露珠落入大海后被贝壳包裹起来,便形成了珍珠。

◀ 生长在牡蛎中的一粒珍珠。

36

7月 红宝石

红宝石象征高贵

大多数红宝石呈深红色，有些则红里透黄或带点褐色，而最贵重的红宝石通常是红里透蓝的。星光红宝石看起来好像内含一颗散发出6束光线的星星。红宝石质地坚硬，硬度仅次于钻石。

诞生石的传说

过去，人们把红宝石称为发光石，这是因为它所发出的光芒足以照亮整个房间。

◀ 星光红宝石多产于印度。

8月 橄榄石

橄榄石象征太阳

橄榄石大多呈深绿色，它是一种透明的宝石，晶莹剔透，这意味着人们可以透过它看到其他东西。橄榄石最早是在非洲海岸附近的小岛上发现的，这个岛上至今还能找到橄榄石。

▼ 过去，人们认为橄榄石是太阳的象征。

诞生石的传说

过去，人们佩戴橄榄石来避邪。

9月 蓝宝石

蓝宝石象征智慧

蓝宝石大多呈蓝色,也有一些是黄色、绿色、白色、黑色、紫罗兰色和橙色的。星光蓝宝石价值连城,它看起来犹如一颗散发出6束光线的星星。迄今发现的最大的蓝宝石被称为"印度之星"。

诞生石的传说

过去,人们认为蓝宝石可置蛇于死地。

◀ 人们能够在纽约博物馆一睹"印度之星"的风采。

10月

欧泊

欧泊象征希望

欧泊里含有水分，宝石的颜色跟内部所含水分的多少有关。如果将欧泊捂在手心，其中的水分就会被暖热，宝石的颜色会发生变化。

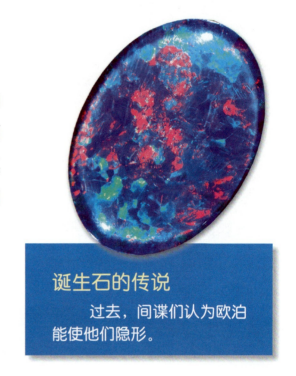

诞生石的传说

过去，间谍们认为欧泊能使他们隐形。

▼ 大多数欧泊采自澳大利亚。

11月

托帕石

托帕石象征忠诚

托帕石多为金褐色或黄色，它也是一种透明的宝石，晶莹透彻，你可以透过它看到其他物体。世界上许多国家都出产这种宝石，例如澳大利亚、巴西和俄罗斯。

诞生石的传说

过去，人们认为托帕石能够冷却开水。

◀ 这是迄今发现的最大的一块托帕石，重达227千克。

12月

绿松石

绿松石象征成功

绿松石是一种蓝绿色宝石,其质地松软,很容易被划伤或破碎。美洲印第安人经常用它制作珠宝以及装饰面具。

诞生石的传说

过去,美洲印第安人将绿松石镶嵌在弓箭上,认为这样能提高命中率。

▼ 世界各地的沙漠都出产绿松石。

太阳的奥秘

太阳在人们的日常生活中起着十分重要的作用。在科学不发达的年代,民间流传着许多关于太阳的传说。随着科学的发展,科学家们使用各种太空探测器对太阳及太阳系进行了研究。

太阳的奥秘

—— Anita Garmon

阅读目标

能力训练

→ 向大家讲解太阳系各行星的知识
→ 组织同学进行一场主题为"民间传说"的讨论
→ 摘抄一些关于太阳的资料

知识积累

→ 认识太阳的重要性
→ 理解产生四季变化的原因
→ 了解天文学家研究太阳系的方法

 # 太阳

大多数清晨，我们起床后就能看到明媚的阳光，感觉到它的温暖，享受着它照射在我们身上的光芒。但乌云密布时，我们会看不见太阳。

那么，太阳究竟是什么呢？它来自哪里？它是怎么跑到天上去的呢？

很久以前，人们对太阳知之甚少，他们不知道太阳为什么会突然在早上出现，也不知道晚上它又躲到哪里去了。根据日日夜夜发生在天空中的现象，人们编造了一些故事来解释这一切。

关于太阳的古老传说

因纽特传说

因纽特人居住在寒冷的大西洋北部的格陵兰岛。很久以前，在因纽特人中流传着这样一个传说。

月亮神和太阳神是兄妹俩。一天，他们动手打了起来，太阳神妹妹就将黑色的油脂抹了她哥哥一脸。由于害怕哥哥报复，太阳神妹妹拼命向天空深处跑去，月亮神哥哥在后面紧追不舍，日复一日。这就是太阳和月亮平分天空的原因。

希腊传说

古希腊人认为太阳神赫利俄斯每天都会驾着他的黄金战车穿越天空，从位于东方的宫殿出发，前往位于西方的宫殿。白天，赫利俄斯的黄金头盔熠熠生辉，他的胸膛也闪闪发光；到了晚上，他改乘渡船返回位于东方的宫殿。

印加传说

几百年前,居住在南美洲的印加人把太阳称作"光"。他们认为,太阳每天晚上都会跑到大海里去游泳,游了一整夜之后,第二天,太阳又精神抖擞地升到天空中。

太阳是什么

如今,我们知道太阳是一颗恒星。由于它距离地球最近,因此,看起来太阳比其他恒星更大、更亮。尽管太阳是离地球最近的恒星,但地球到月亮间的距离也有1.5亿千米。相当于我们绕地球赤道转上4 000圈!

恒星
太空中充满燃烧气体的天体,在夜空中看起来像光点。

与其他恒星一样,太阳是一颗充满燃烧气体的大球。虽然它看起来圆圆的,而且非常坚实,但实际上,太阳却是一团沸腾的、热浪四溅的气体,而且它时刻处在变化之中。

我们之所以知道太阳非常炽热，是因为我们在如此远的距离就能感觉到它所散发出来的热量。科学家们能够根据恒星的颜色来计算它的温度，并且已经算出太阳表面的温度高达5 500℃，这是比萨烤箱温度的20倍！

太阳中心的温度更高，它能够高达15 000 000℃，是比萨烤箱温度的50 000倍！

科学家们认为太阳已经存在了46亿年，并且还能够继续照耀50亿年，然后灭亡。到那个时候，它会慢慢褪色，缩小成一个烧成灰烬的黑球，大小和地球差不多。

▼ 太阳发出的光和热。只有其中一小部分能够到达地球，其他的都散失在太空中了。

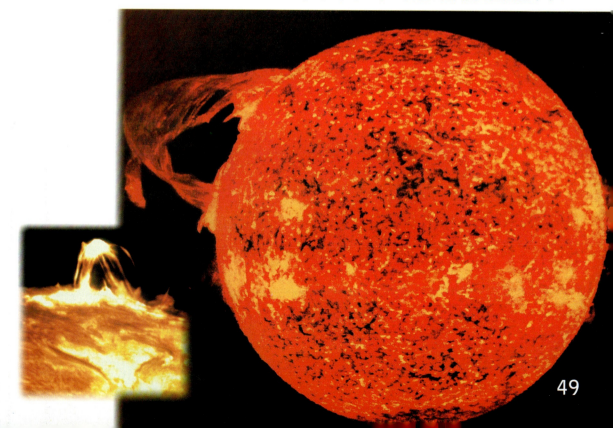

我们的太阳系

地球只是绕太阳公转的天体之一。我们把绕太阳公转的行星和其他天体一起称为太阳系，太阳位于太阳系的中心。"solar"这个单词来自拉丁语"sol"，表示"太阳"之意。

太阳系中有九大行星，它们在各自的轨道上绕着太阳运行。地球是距离太阳第三近的行星，比地球更近的是水星和金星。其他行星包括火星、木星、土星、天王星、海王星和冥王星，它们都比地球离太阳更远。

公转
一个天体围绕着另一个天体运行。

行星
绕着恒星运行的巨大天体。

太阳系
太阳、太阳的行星及其卫星，以及其他围绕着太阳运行的天体。

冥王星

海王星

天王星

土星

距离太阳近的行星较之于距离远的行星更加温暖。水星是温度最高的行星；冥王星则是温度最低的行星。地球与太阳之间的距离恰到好处，这使得地球的气温适宜于各种生命形式的存在。

▼ 太阳系中绕太阳公转的行星。

 # 太阳为什么如此重要

没有太阳,地球上就不会有任何生命存在,地球将会变成太空中一块寒冷、黑暗的岩石。太阳散发出来的光和热使地球成为数百万生物赖以生存的家园。

太阳散发出来的热量温暖了地球。动植物生长需要适宜的温度,不能过高,也不能过低,太阳散发到地球的热量正好能够满足动植物生长的需要。如果地球离太阳再近一点点,生命会因为温度过高而不能存活;如果地球离太阳再远一点点,生命则会因为温度过低而不能存活。

动植物的生长还需要养料。绿色植物吸收阳光,将其转化为养分,而动物则依靠食用植物获得自身生存和生长所需要的养分。

昼夜从何而来

正是因为有了太阳,地球才有白天和黑夜的区分。每天早晨,太阳从东方升起,照亮了天空,白天就开始了。太阳在空中越升越高,直到它所能达到的最高点,这就到了正午。

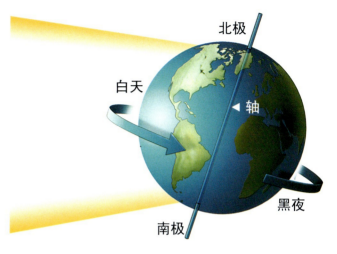

▲ 地球绕着自身的中心线自转,这条线叫做地轴。地轴的两端分别是北极和南极。

下午,太阳从空中慢慢下落。黄昏时分,太阳从西边的天空中慢慢退出人们的视线。天空变得黯然无光,夜晚开始降临。

这看起来好似太阳每天都要穿越天空旅行一样。但实际上运动的是地球,而不是太阳。地球每天都像陀螺一样不停地自转。地球自转一周的时间是一天,即24小时。

虽然太阳一直都在发光,但在同一时间内只能照亮地球的一半,而另一半则处于黑暗之中。随着地球自转,会有不同的部分正对太阳。当你所居住的地方面对太阳时,就是白天;当地球转到了另一面,而你所居住的地方背对太阳时,则是夜晚。那么,当你吃午饭的时候,你认为生活在地球另一面的人们正在做什么呢?

四季从何而来

太阳带来了四季。在地球上的大多数地方，白昼的时间会随着季节的变化而变化。春季，白昼开始慢慢变长；到了夏季，太阳高高地挂在空中，日照时间延长；进入秋季，白昼开始慢慢变短；冬季的时候，白昼的时间最短。

▲ 春季　　　　　　　　　　▲ 夏季

▲ 秋季　　　　　▶ 冬季

地球绕着太阳公转一周的时间是一年。地球的自转轴是倾斜的，因此，当它绕着太阳公转的时候总是朝一个方向倾斜。

如右图所示，当地球绕着太阳公转的时候，向太阳倾斜的部分在不断发生改变。地球北半球和南半球阳光的多少取决于地球在公转轨道上的位置。这样一来，就有了四季。

如果你所居住的地方正处于冬季，那么，此时你所在的地球的这个部分是偏离太阳的，得到的光和热较少；如果你所居住的地方正处于夏季，那么，此时你所在的地球的这个部分是偏向太阳的，因此，得到的光和热较多。

环绕地球中部的假想线称作赤道，它将地球分为北半球和南半球。当北半球处于夏季时，南半球则是冬季。这就是为什么北美洲是冬天时，而大洋洲却是夏天的原因。

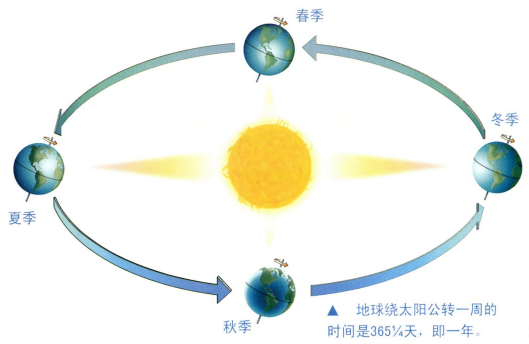

▲ 地球绕太阳公转一周的时间是365¼天，即一年。

关于太阳的研究

对于太阳的了解，人类已经前进了一大步。但还有许多是我们未知的，科学家们继续从各个角度对太阳进行研究。

科学家们已经制造了用于观察太阳的特殊望远镜——太阳望远镜。这种望远镜可以保护人们的眼睛不受太阳发射的强光刺激。记住不要直视太阳，否则强光会刺伤你的眼睛，甚至使你双目失明。

不仅如此，科学家们还从太空中研究太阳。他们把太阳望远镜发射到太空对太阳进行拍照，然后，将照片传回地球。这些照片记录了前人没有见到过的太阳的某些部分。太阳还有许多神秘之处等待着科学家们的发现。

▲ 麦克梅斯-皮尔斯太阳望远镜是世界上最大的太阳望远镜。

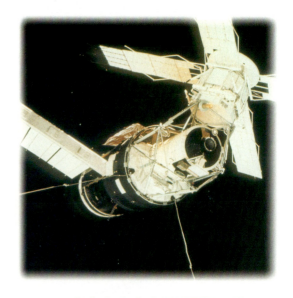
▲ 太空实验室空间站用望远镜对太阳进行观测。

行星巡礼

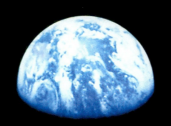

在这一部分中,学生将了解太阳系九大行星(水星、金星、地球、火星、木星、土星、天王星、海王星、冥王星)的一些特点。同时,还将了解到围绕这些行星运行的卫星多达60多颗,还有其他一些彗星、小行星和陨星绕日飞行。

行星巡礼

—— Sue whiting

阅读目标

能力训练
- 练习做笔记，总结新学到的知识
- 描述各行星的特征
- 思考插图所表达的信息

知识积累
- 区别内行星与外行星的特征
- 理解地球不同于太阳系其他行星的原因
- 了解影响行星气候和温度的因素

从太空中望去,地球像个巨大的蓝色大理石圆球。它之所以看上去是蓝色的,是因为我们的地球上有很多海洋、河流和湖泊。正因为地球的表面覆盖着大量的水,有时候,它也被称作"水的行星"。没有水,任何生物都无法在地球上生存。

动植物生长在地球上的各个角落。有的动植物生活在水下，有的生长在冰冻地带，还有的生长在草地、森林甚至沙漠中。

◀ 地球是已知的唯一有生命存在的行星。

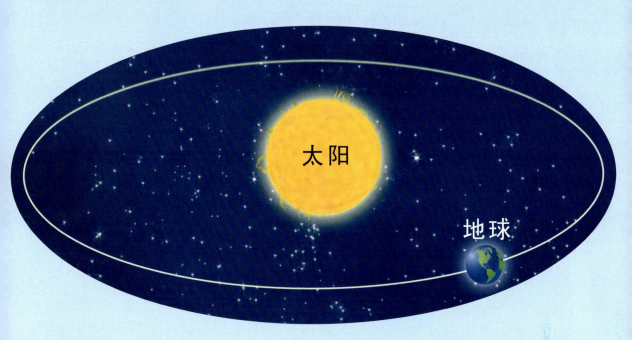

▲ 地球绕太阳一周约需要365天，或者说是一个地球纪年。

地球的四周充满了空气。包围着地球的空气称作 大气层，其中有着不同种类的气体，包括我们赖以生存的氧气。大气层就像张毯子包裹着地球，保护我们免受来自太空的酷暑与严寒。

大气层
包围着行星的空气。

地球是距离太阳最近的第三颗行星。其实，太阳是一颗恒星，或者说是一颗不断散发光和热的巨大的气团。地球沿着一条近似圆形的路线绕太阳运行。行星绕太阳运行的这条路线称为轨道。

太阳系

地球并不是唯一的行星。事实上，它只是沿轨道绕太阳运行的9颗行星之一。太阳与绕它运行的9颗行星统称为太阳系。

内行星

靠近太阳的4颗行星，包括水星、金星、地球和火星。

靠近地球的行星有水星、金星和火星。与地球类似，它们的体积较小，外层坚硬，属于多岩石的行星。由于水星、金星、地球、火星距离太阳比较近，因此，称为内行星。

水星　金星　地球　火星

其他5颗行星距离太阳较远，称为**外行星**。外行星与内行星十分不同。木星、土星、天王星、海王星体积较大，充满了气体。冥王星小而寒冷，它是距离太阳最远的行星。

外行星
　远离太阳的5颗行星，包括木星、土星、天王星、海王星、冥王星。

海王星
冥王星
天王星
土星
木星

内行星

水星

水星比地球要小得多，大小跟月亮差不多。水星看起来也很像月亮，它的表面散布着岩石和被称为环形山的圆坑。

环形山
地面上形状像碗一样的巨洞。

水星是距离太阳最近的行星。跟地球不同，水星周围气体很少，这使得水星的温差极大。白天，水星表面温度激增到约444℃。夜间，表面温度则减至约-152℃。没有大气层的保温作用，当水星背向太阳时，热量很快就会散失掉。

◀ 水星的表面看上去跟月球的表面十分相似。

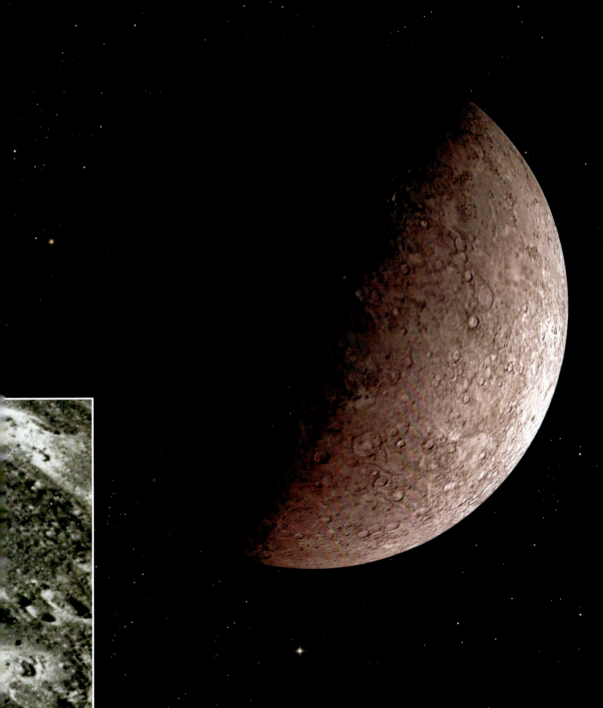

金星

金星是地球的近邻。从地球上看,金星是颗非常明亮的星星。它的体积几乎跟地球一样,也曾经被认为是地球的孪生行星。现在,我们了解到,金星实际上与地球很不相同。

在太阳系中,金星是最热的行星,那里的温度高达约468℃。它的周围是厚厚的橙色云层,这个云层保存太阳的热量,与汽车的挡风玻璃作用相似。金星上没有水,科学家认为在这样的行星上不会有生命存在。

金星上的山脉与环形山。▶

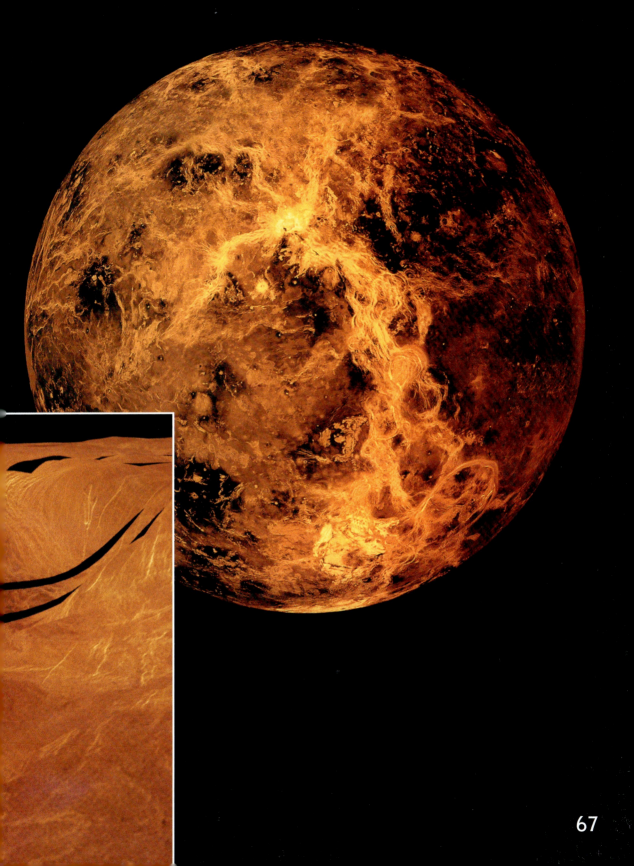

火星

火星是靠近太阳的第四颗行星,它比地球要小很多,并且比地球要冷得多。火星表面没有液态水,因此,它的外层非常干燥,看上去就像红色的岩石沙漠。在金星上,天空是粉红色的,这是因为尘暴将红色的沙子和灰尘带到了大气层中。

为了进一步了解火星,科学家最近已经把两个机器人送上了火星,去探索火星上是否有过生命。机器人将帮助科学家获得关于这颗行星的许多历史资料。

◀ 一个机器人正在火星的表面采集样本。

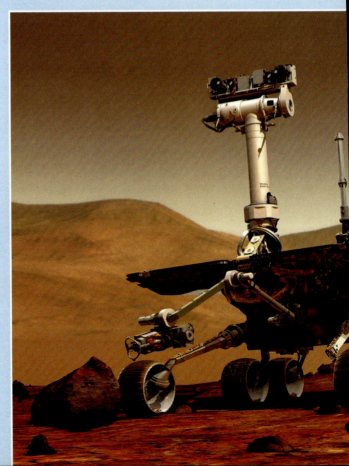

外行星

木星

木星十分巨大，是太阳系中最大的行星，它大到可以容纳1 300个地球。跟地球不同的是，木星上没有任何固态的地表。这颗行星完全是由气体构成的，周围环绕着暴风云团。

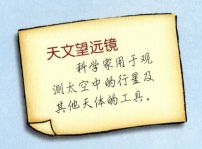

天文望远镜
科学家用于观测太空中的行星及其他天体的工具。

当你通过天文望远镜观测木星时，它看上去色彩斑斓。在这颗行星上有一个很大的红点，其直径大约是地球的3倍以上。科学家认为，这是一个运动剧烈的风暴团，已经活动了好几百年。

◀ 木星上红点的颜色是由大气层中的化学物质产生的。

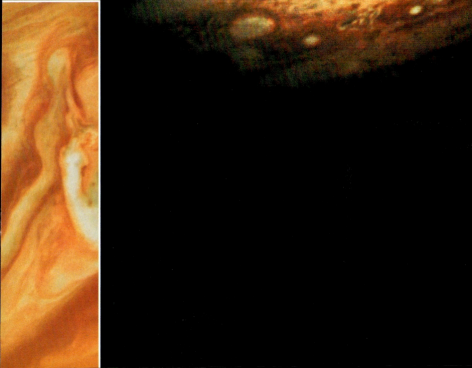

土星

土星因其漂亮的光环而出名。假如你通过天文望远镜观察土星,你将会看到一个五光十色的球体,四周笼罩着厚厚的圆环。这些圆环由冰和石头构成,有些石块和冰块甚至有大房子那么大。

土星是太阳系中的第二大行星。跟木星一样,土星也是由气体构成的,同样也经常发生风暴。科学家曾记录到土星上风速达到1 600千米/小时,比地球上最强劲的风暴还要强4倍以上。

土星周围有1 000多条这样的圆环。

天王星

天王星是另一颗由气体构成的巨大行星，它没有固态的表面。天王星没有木星、土星那么庞大，但也是地球的好几倍。当你通过天文望远镜观测天王星时，会发现它是蓝绿色的，这是天王星上的气体所产生的色彩效果。

流星体
分布在星际空间的细小物体和尘粒。

天王星常被称作侧向行星，因为它总是偏着身体旋转。科学家们认为这是由于流星体撞击了天王星后所造成的。流星体就是由碎小岩石与冰块所构成的天体，它们穿梭于太空之中。

◀ 有时，天王星看起来像夜空中一颗昏暗的恒星。

海王星

　　海王星看起来要比天王星小一些,构成海王星的气体使它看上去湛蓝湛蓝的。像其他气体行星一样,海王星是一颗充满了剧烈风暴的行星。就像木星的红点一样,海王星上有一个黑点,科学家们称其为大黑点,实际上它是一个持续不断的巨大风暴带。

　　海王星绕太阳运行一周需要165个地球年。像在地球上一样,海王星上也有季节,只不过由于海王星绕太阳一周的时间太长,它的每个季节会持续41个地球年。

► 呈条纹图案的云带包围着海王星。

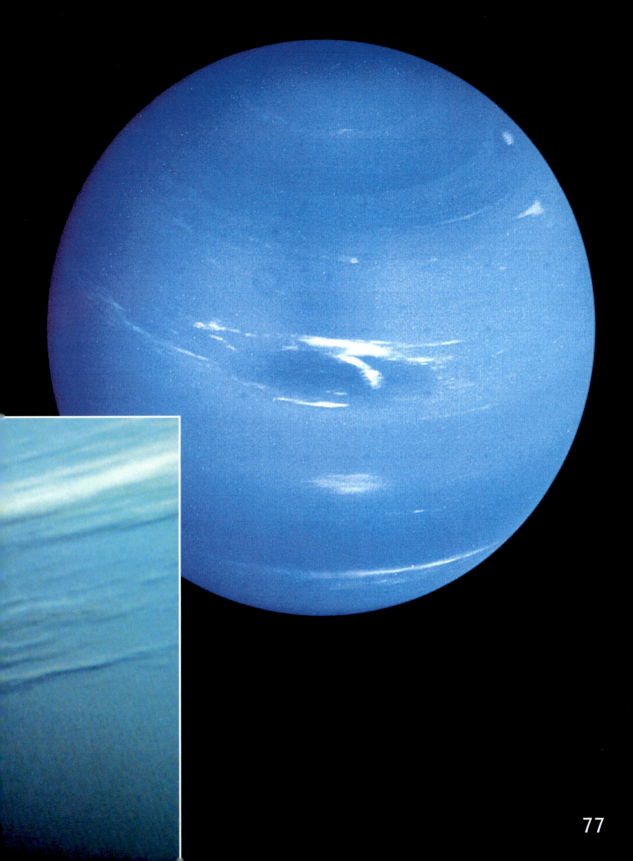

冥王星

冥王星是太阳系中最小的行星。它不同于邻近的其他气体行星，冥王星又小又冷。它表面的最低温度比水星的最低温度还要低，大约是 −206℃。

由于距离太远，冥王星很难被观测清楚。人们只能通过高倍天文望远镜看到它。它是至今唯一一颗没有被太空探测器探测过的行星。

和地球一样，冥王星也有一颗卫星，叫做"卡戎"。这颗卫星大约有冥王星的一半大小。

▶ 通过太空中运行的天文望远镜拍摄到的冥王星及其卫星。

活动空间

读图思考

1 为什么人们对洞窟充满好奇？

2 7月的诞生石是什么？

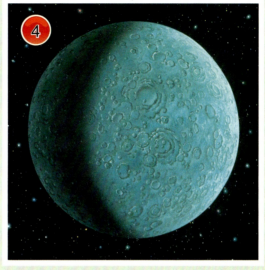

3 为什么所有的动植物都需要太阳？

4 哪一颗行星距离太阳最远？

阅读训练

岩洞

根据原文内容，选择正确答案。

1. 拥有许多相连洞室的洞窟群称为 _____ 。
   a. 巨洞
   b. 洞窟系统
   c. 石笋
   d. 石柱

2. 科学家把溶洞分成3个区域，它们分别是 _____ 。
   a. 内部、中部和外部
   b. 被子植物、苔藓和藻类
   c. 光亮区、微光区和黑暗区
   d. 入口、洞穴和洞室

3. 石笋和钟乳石是 _____ 。
   a. 只存在于光亮区
   b. 没有视觉的生物
   c. 溶洞的类型
   d. 岩石的形态

4. 溶洞探险必须 _____ 。
   a. 佩戴特殊的安全设备
   b. 携带充足的光源
   c. 结队而行
   d. 以上都正确

根据描述，选择对应的名词。

5. 松软的白垩质岩石　　_____　　a. 黑暗区
6. 居住着许多没有视觉的动物的区域　_____　b. 石灰岩
7. 冰川内部存在的洞窟　　_____　　c. 微光区
8. 蝙蝠和蜥蜴居住的区域　　_____　　d. 冰川洞

诞生石

根据原文内容,选择正确答案。

1. 矿石的颜色决定于 _____。
   a. 内部所含有的矿物质
   b. 它的硬度
   c. 它的尺寸大小
   d. 上面的说法全部正确

2. 地球上最硬的天然材料是 _____。
   a. 钻石
   b. 黄玉
   c. 滑石
   d. 橄榄石

3. 珍珠与诞生石的不同之处是 _____。
   a. 它们的颜色种类多
   b. 它们是透明的
   c. 它们不代表任何东西
   d. 它们不是经雕琢的宝石

4. 星光红宝石因为 _____ 而得名。
   a. 来自陨石
   b. 被用于早期的显微镜镜头
   c. 看似一颗内含散发6束光线的星星
   d. 被切割成星星的形状

根据描述,选择对应的词语。

5. 不搀杂别的成分 _____   a. 采矿
6. 从地下开采矿石 _____   b. 石英
7. 一种信仰或习俗 _____   c. 纯粹
8. 成分是二氧化硅,质地坚硬的一种矿物 _____   d. 传统

太阳的奥秘

根据原文内容，选择正确答案。

1. _____认为太阳每天都跑到大海里去游泳。
   a. 格陵兰岛的因纽特人
   b. 古希腊人
   c. 赫利俄斯
   d. 南美洲的印加人

2. 太阳系中最寒冷的行星是_____。
   a. 火星
   b. 海王星
   c. 冥王星
   d. 金星

3. 昼夜交替的原因是_____。
   a. 月亮在追逐太阳
   b. 地球自转
   c. 赫利俄斯驾着他的黄金战车在天空穿行
   d. 地球围绕太阳轨道公转

4. 地球围绕太阳旋转一圈的时间称为_____。
   a. 1个季度
   b. 1天
   c. 1周
   d. 1年

根据描述，选择相应的名词解释。

5. 行星环绕太阳运转的路线 _____   a. 赤道
6. 帮助观察远距离星体的装置 _____   b. 轨道
7. 地球围绕自身旋转的一条虚拟的轴 _____ c. 地轴
8. 环绕地球表面距离南北极相等的圆周线 _____ d. 天文望远镜

行星巡礼

根据原文内容，选择正确答案。

1. 太阳系中最小的行星是_____。
   a. 地球
   b. 水星
   c. 冥王星
   d. 天王星

2. 环绕一颗行星的大气称为_____。
   a. 轨道
   b. 大气层
   c. 光环
   d. 表面

3. 下面除了_____，其他都是内行星。
   a. 金星
   b. 地球
   c. 火星
   d. 海王星

4. 科学家已经发射太空探测器到达_____的表面。
   a. 火星
   b. 除了冥王星之外的所有行星
   c. 所有内行星
   d. 水星

根据描述，选择相应的行星。

5. 离太阳最远的行星　　_____　　　　a. 土星
6. 围绕着巨大光环的行星　_____　　　b. 水星
7. 太阳系中最大的行星　　_____　　　c. 木星
8. 离太阳最近的行星　　　_____　　　d. 冥王星

学做科学笔记

这本书中向我们介绍了溶洞、诞生石、太阳、行星的奥秘。自然界的力量是伟大的，科学家们努力探索无穷的宇宙奥秘，但靠一个人的力量是无法做到的。科学家必须吸取前人的研究成果，才能不断进步。你也可以加入到探索宇宙奥秘的行列中来。这就要求你首先要掌握一定的科学知识。为了牢固地掌握这些知识，你需要学会做科学笔记，这是一种良好的研究习惯。

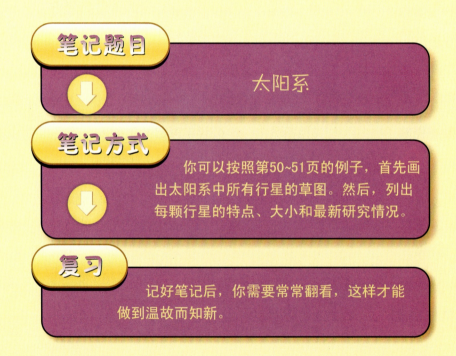

笔记题目

太阳系

笔记方式

你可以按照第50~51页的例子，首先画出太阳系中所有行星的草图。然后，列出每颗行星的特点、大小和最新研究情况。

复习

记好笔记后，你需要常常翻看，这样才能做到温故而知新。

你还可以参考别的资料，或在互联网上搜索相关的信息，补充到你的笔记上。最后，你可以与朋友交换你们的笔记，看看对方都记录了哪些内容，有没有自己不知道的。随后，把这些内容记录到自己的笔记上。

家长评估表

星级评分 / 评分项目	★	★★	★★★	★★★★	★★★★★
记录的认真程度					
记录内容的可靠性					
内容是否丰富					

参考答案

岩洞	bcdd	badc
诞生石	aadc	cadb
太阳的奥秘	dcbd	bdca
行星巡礼	cbdb	dacb

索引

冰川 8，18

赤道 48，55

大气层 61，64，68，70

窟系统 8

橄榄石 30，38

公转 50，51，55

轨道 61，62，50，55

恒星 48～50，61，74

环形山 64，66

流星 57，74

欧泊 28，30，40

内行星 58，62～64

熔洞 21

太阳系 43，44，50，51，62，66，70，72，78

外行星 58，63，70

云母石 26

钟乳石 12，13

祖母绿 30，35